Impressum
Verlag: BABADADA GmbH, Nedderfeld 112 , 22529 Hamburg
Geschäftsführer / Verlagsleitung: Harald Hof
Druck: Books on Demand GmbH, In de Tarpen 42, 22848 Norderstedt

Imprint
Publisher: BABADADA GmbH, Nedderfeld 112 , 22529 Hamburg, Germany
Managing Director / Publishing direction: Harald Hof
Print: Books on Demand GmbH, In de Tarpen 42, 22848 Norderstedt, Germany

ቤት-ትምህርቲ

kool

ክፍሊ ክላስ
klassiruum
መቀለ
jagama
186/2
ሰሌዳ
tahvel
koolihoov
መምህር
õpetaja
ወረቐት
paber
kirjutama
መጽሓፊ
pastapliiats
ጣውላ ምጽሓፍ
kirjutuslaud
መስመር
joonlaud
መጽሓፍ
raamat
ተመሃራይ
õpilane

ሳንጣ ትምህርቲ

koolikott

ሰፈር ብርዒ

pinal

ርሳስ

harilik pliiats

መብልሒ ርሳስ

pliiatsiteritaja

መደምሰሲ

kustukumm

ጥራዝ ስእሊ

joonistusplokk

ስእሊ
....
joonistus

ብርዒ ቀለም
....
pintsel

ቦክስ ቀለም
....
värvikarp

መቐስ
....
käärid

መጣበቒ
....
liim

ጥራዝ መላመዲ
....
töövihik

ዕዮ ገዛ
....
kodutöö

12

ቁጽሪ
....
number

2+2

ወሰኸ
....
liitma

5-2

ጎደለ
....
lahutama

2×2

ረብሐ
....
korrutama

ደመረ
....
arvutama

A

ፊደል
....
täht

ABCDEFG
HIJKLMN
OPQRSTU
VWXYZ

ስርዓት ፊደላት
....
tähestik

hello

ቃል
....
sõna

ጽሑፍ

tekst

ኣንበበ

lugema

ኩርሽ

kriit

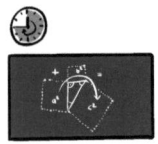

ሰዓት

koolitund

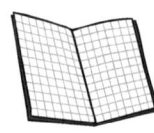

መዝገብ ክላስ

klassipäevik

መርመራ

eksam

ሰርቲፊከት

tunnistus

ድቢዛ ቤትትምህርቲ

koolivorm

ትምህርቲ

haridus

ለክሲኮን

entsüklopeedia

ዩኒቨርሲቲ

ülikool

ሚክሮስኮፕ

mikroskoop

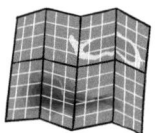

ካርታ

kaart

ጎሓፍ ወረቐት

paberikorv

መገሻ

reisimine

hotell
Grand
ሆስተል
hostel
ROOMS
ቦታ ቅያር ገንዘብ
valuutavahetuspunkt
CHANGE
ባሊጃ
kohver
መኪና
auto

ቋንቋ

keel

እወ / ኖ

jah / ei

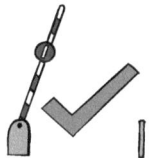

ሕራይ

okei

ሰላም

Tere!

ኣስተርጓሚ

tõlk

የቐንየለይ

Aitäh!

. . . ክንደይ ዋግኡ?

Kui palju maksab …?

ኣይተረድኣኹን

Ma ei saa aru

ሽግር

probleem

ሰላም ምሸት!

Tere õhtust!

ከመይ ሓዲርካ

Tere hommikust!

ሰላም ለይቲ

Head ööd!

ደሓን ኩን

Head aega!

ኣንፈት

suund

ጕዓዝ

pagas

ሳንጣ

kott

ሳንጣ ሕቖ

seljakott

ጋሻ

külaline

ክፍሊ

tuba

ክሻ መደቀሲ

magamiskott

ቴንዳ

telk

6 መገሻ - reisimine

ሓበሬታ በጻሕቲ ሃገር

turismiinfo

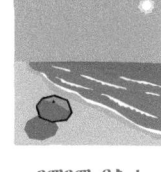

ገምገም ባሕሪ

rand

ክረዲት ካርድ

krediitkaart

ቁርሲ

hommikusöök

ምሳሕ

lõunasöök

ድራር

õhtusöök

ቲከት

pilet

ሊፍት

lift

ማሕተም ደብዳበ

postmark

ዶብ

riigipiir

ድጓና

toll

ኣምበሲ

saatkond

ቪዛ

viisa

ፓስፖርት

pass

መጓዓዝያ

transport

ነፋሪት
lennuk
መርከብ
laev
መኪና መጥፍኢ ሓዊ
tuletõrjeauto
ናይ ጽዕነት መኪና
veoauto
አውቶቡስ
buss
ጃልባ ሞቶር
mootorpaat
መኪና
auto
ብሽግለታ
jalgratas

ፈሪ

praam

ጃልባ

paat

ሞቶ

mootorratas

መኪና ፖሊስ

politseiauto

መኪና ቅድድም

võidusõiduauto

ክራይ መኪና

rendiauto

ምውፋይ መካይን

ühisauto

መወሰዲ መኪና

puksiirauto

መኪና ጎሓፍ

prügiauto

ሞቶር

mootor

ነዳዲ

kütus

እንዳ ነዳዲ

tankla

ምልክት ትራፊክ

liiklusmärk

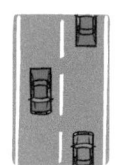

ትራፊክ

liiklus

ምጭቕጫቕ ትራፊክ

liiklusummik

መዕሸጊ መኪና

parkla

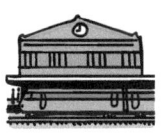

መዕረፊ ባቡር

raudteejaam

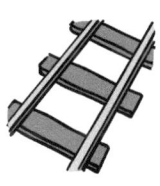

ሓዲግ

rööpad

ባቡር

rong

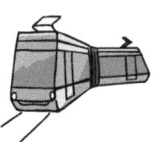

ትረም

tramm

ባጎኒ

vagun

ሄሊኮፕተር

....

helikopter

መዓረፎ ነፈርቲ

....

lennujaam

ታወር

....

torn

ተጐዓዚ

....

reisija

ኮንተይነር

....

konteiner

ሳንዱቕ ካርቶን

....

pappkast

ኮርሳ ጽዕነት

....

käru

ዘንቢል

....

korv

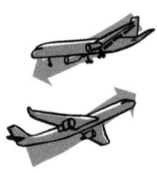

ተበገሰ / ዓለበ

....

õhku tõusma / maanduma

ከተማ

linn

ቍሸት

....

küla

ማእከል ከተማ

....

kesklinn

ገዛ

....

maja

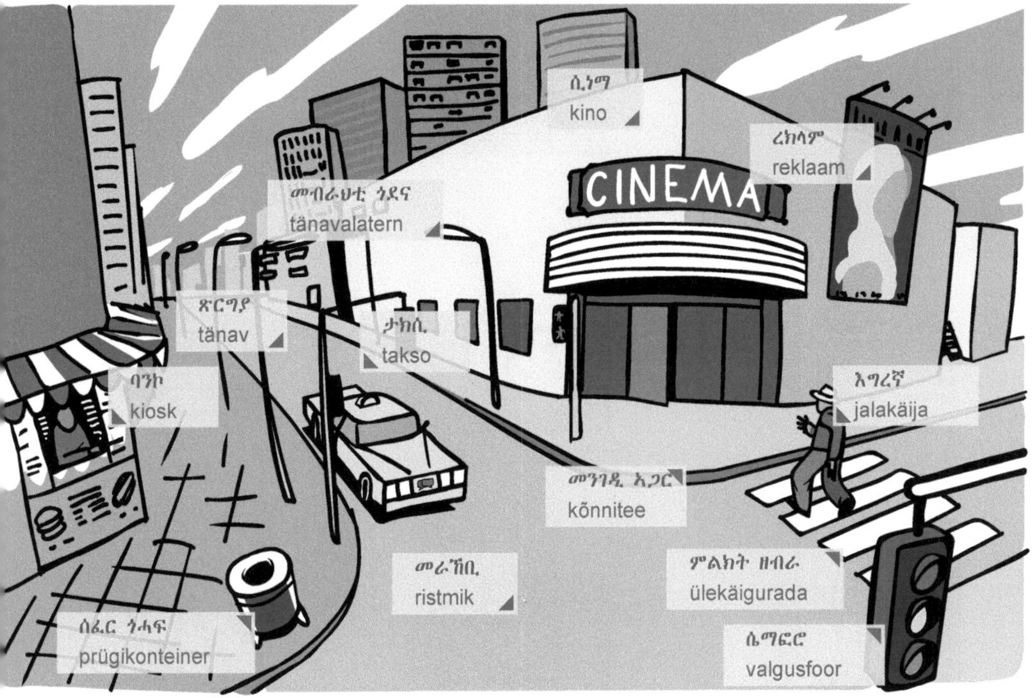

ሲነማ
kino

ረክላም
reklaam

መብራራህቲ ጎደና
tänavalatern

CINEMA

ጽርግያ
tänav

ታክሲ
takso

ባንኮ
kiosk

እግረኛ
jalakäija

መንገዲ አጋር
kõnnitee

መራኽቢ
ristmik

ምልክት ዘብራ
ülekäigurada

ሰፈር ጎሓፍ
prügikonteiner

ሴማፎር
valgusfoor

አጎዶ
....
osmik

አፓርትመንት
....
kortermaja

መዕረፊ ባቡር
....
raudteejaam

ቤት ምምሕዳር
....
raekoda

ቤተ መዘክር
....
muuseum

ቤት-ትምህርቲ
....
kool

ዩኒቨርሲቲ

ülikool

ባንክ

pank

ሆስፒታል

haigla

መቐበሊ ኣጋይሽ

hotell

ቤት መድሃኒት

apteek

ቤት ጽሕፈት

kontor

ዱኳን መጽሓፍቲ

raamatupood

ዱኳን

kauplus

ዱኳን ዕንባባ

lillepood

ሱፐርማርክት

supermarket

ዕዳጋ

turg

ሹቕ

kaubamaja

ነጋዳይ ዓሳ

kalapood

ሹቕ

kaubanduskeskus

መርሳ

sadam

መዘናግዒ
park

ባንኪ
pink

ድልድል
sild

መደያይቦ
trepp

ባቡር ትሕቲ ምድሪ
metroo

ቢንቶ
tunnel

መዕረፊ ኣውቶቡስ
bussipeatus

ቤት መስተ
baar

ቤት-መግቢ
restoran

ሰታሪት
postkast

ታቤላ
tänavasilt

ሰዓት ፓርኪንግ
parkimisautomaat

መካነ እንስሳታት
loomaaed

መሓምበሲ
ujula

መስጊድ
mošee

ቤት ሕርሻ
....
talu

ብከላ
....
reostus

መቃብር
....
surnuaed

ቤተክርስትያን
....
kirik

ቦታ ምጽዋት
....
mänguväljak

ቤት መቅደስ
....
tempel

ስእሊ መሬት

maastik

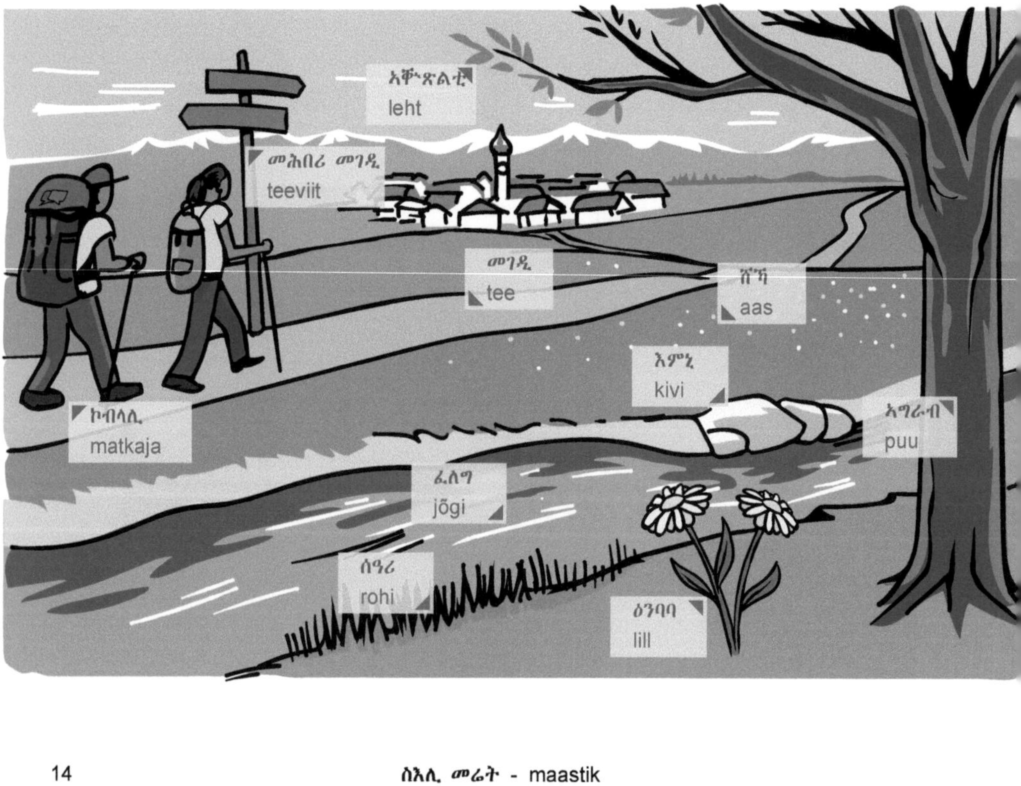

አቓጽልቲ
leht

መሕበሪ መገዲ
teeviit

መገዲ
tee

ሽኻ
aas

እምኒ
kivi

ኮብላሊ
matkaja

ዐግራብ
puu

ፈለግ
jõgi

ሳዓሪ
rohi

ዕንባባ
lill

ስንጭሮ

....

org

ጎቦ

....

mägi

ቀላይ

....

järv

ዱር

....

mets

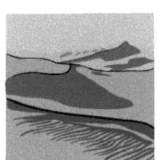

ምድረ በዳ

....

kõrb

እሳተ-ጎመራ

....

vulkaan

ግምቢ

....

linnus

ቀስተ-ደመና

....

vikerkaar

ቃንጥሻ

....

seen

ዓርኮብኮባይ

....

palm

ጣንጡ

....

sääsk

ሃመማ

....

kärbes

ጻጻ

....

sipelgas

ንህቢ

....

mesilane

ሳሬት

....

ämblik

ሕንዚዝ
....
mardikas

ዕንቅርዖብ
....
konn

ምጽጹላይ
....
orav

ቅንፍዝ
....
siil

ማንቲለ
....
jänes

ጉንጓ
....
öökull

ጭሩ
....
lind

ስዋን
....
luik

መፍለስ
....
metssiga

ዓጋዘን
....
hirv

ሙስ
....
põder

ግድብ
....
pais

ተርባይን ንፋስ
....
tuuleturbiin

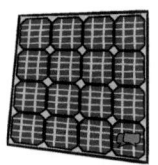

ሶላር ስርሓት
....
päikesepaneel

ኩነታት ኣየር
....
kliima

ቤት-መግቢ
restoran

kelner
ካርታ
መግብታት
menüü
መንበር
tool
supp
ፒትሳ
pitsa
ክዳን ጣውላ
laudlina
መመታተሪ
söögiriistad

ቅድመ ቀንዲ መግቢ
....
eelroog

ቀንዲ መኣዲ
....
pearoog

ድሕሪ መግቢ
....
magustoit

መስተ
....
joogid

መግቢ
....
toit

ጥርሙዝ
....
pudel

ስሉጥ መግቢ

kiirtoit

መግቢ ጽርግያ

tänavatoit

ብርጭቆ ሻሂ

teekann

ታኒካ ሽኮር

suhkrutoos

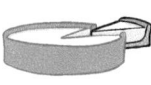

ክፋል

portsjon

ማሺን ኤስፕረሶ

espressomasin

ነዊሕ መንበር

lastetool

ጸብጻብ

arve

ታብለት

kandik

ካራ

nuga

ፋርኪታ

kahvel

ማንካ

lusikas

ማንካ ሻሂ

teelusikas

ሰርቪየተ

salvrätik

ብኬሪ

klaas

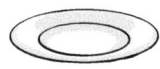

ሽሓኒ

taldrik

ሽሓኒ መረቕ

supitaldrik

ትሕቲ ኩባያ

alustass

ጾብሒ

kaste

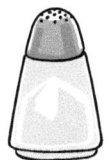

ወሃቢ ጨው

soolatoos

መጥሓን በርበረ

pipraveski

ኣቸቶ

äädikas

ዘይቲ

õli

ቀመም

vürtsid

ከቹፕ

ketšup

ኣድሪ

sinep

ማዮኒዝ

majonees

ሱፐርማርክት

supermarket

ወፈያ
eripakkumine
FOR
ዓሚል
klient
ፍርያታት ጸባ
piimatooted
ፍረታት
puuviljad
ostukäru

እንዳ ስጋ

lihapood

እንዳ ባኒ

pagariäri

ክብደት

kaaluma

ኣሕምልቲ

köögiviljad

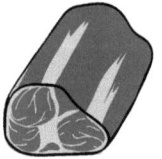

ስጋ

liha

መግቢ ፍሪጅ በረድ

külmutatud toit

ዝሑል ቅሩብ መግቢ
....
lihalõigud

እስቃጥላ
....
konservid

ኦሞ
....
pesupulber

ምቁር መግቢ
....
maiustused

ዘቤታውያን ኣቕሑ
....
majatarbed

ናውቲ መጸረዪ
....
puhastustooted

ሸቃጣይ
....
müüja

ካሳ
....
kassaaparaat

ተሓዝ ገንዘብ
....
kassapidaja

ዝርዝር ምግዛእ
....
ostunimekiri

ክፉት ሰዓታት
....
lahtiolekuajad

ማሕፉዳ
....
rahakott

ክረዲት ካርድ
....
krediitkaart

ሳንጣ
....
kott

ፌስታል
....
kilekott

መስተ

joogid

ማይ

vesi

ጽማቕ

mahl

ጸባ

piim

ኮላ

koola

ነቢት

vein

ቢራ

õlu

ኣልኮል

alkohol

ካካው

kakao

ሻሂ

tee

ቡን

kohv

ኤስፕረሶ

espresso

ካፑቺኖ

cappuccino

ባናና

banaan

ቱፋሕ

õun

ኣራንሺ

apelsin

ብርጭቕ

arbuus

ለሚን

sidrun

ካሮት

porgand

ጻዕዳ ሽጉርቲ

küüslauk

ባምቡስ

bambus

ሽጉርቲ

sibul

ቅንጥሻ

seen

ፉል

pähklid

ፓስታ

nuudlid

ስፓገቲ

spagetid

ሩዝ

riis

ሰላጣ

salat

ቅልዋ ድንሽ

friikartulid

ቅሉው ድንሽ

praekartulid

ፒትሳ

pitsa

ሃምቡርገር

hamburger

ፓኒኖ

võileib

ቢስተካ

šnitsel

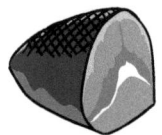

ሰለፍ ሓሰማ

sink

ሳላሚ

salaami

ግዕዝም

vorst

ደርሆ

kana

ቀለወ

praeliha

ዓሳ

kala

ገዓት
....
kaerahelbed

ሙስሊ
....
müsli

ኮርንፍለይክስ
....
maisihelbed

ሓርጭ
....
jahu

ክሮሶን
....
sarvesai

ባኒ
....
kukkel

ባኒ
....
leib

ቶስት
....
röstsai

ብሽኮቲ
....
küpsised

ጠስሚ
....
või

ርግኦ
....
kohupiim

ፓስተ
....
kook

እንቋቑሖ
....
muna

ቅሉው እንቋቑሖ
....
praemuna

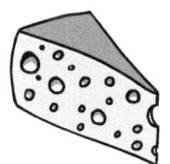

ፋርማጆ
....
juust

አይስ ክሪም

jäätis

ሽኮር

suhkur

መዓር

mesi

ጀም

moos

ኑጋት-ክሪም

pähklivõie

ኩሪ

karri

ቤት ሕርሻ

talu

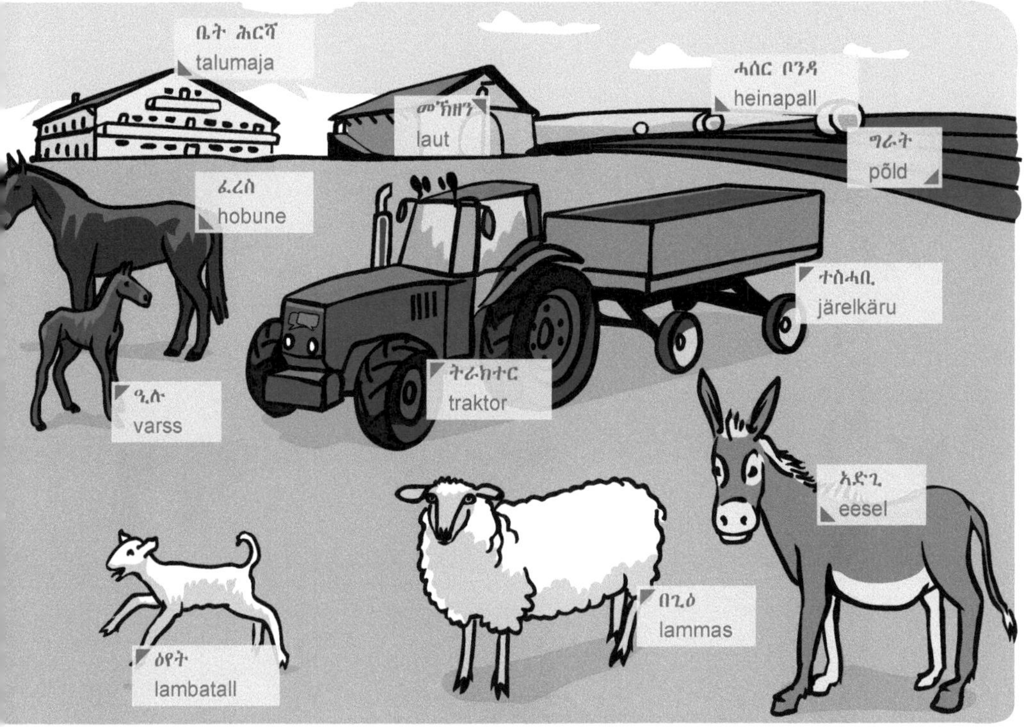
ቤት ሕርሻ
talumaja
መኽዘን
laut
ሓሰር ቦንዳ
heinapall
ግራት
põld
ፈረስ
hobune
ተስሓቢ
järelkäru
ዒሉ
varss
ትራክተር
traktor
ኣድጊ
eesel
በጊዕ
lammas
ዕየት
lambatall

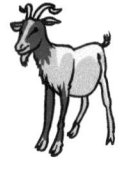

ጤል

kits

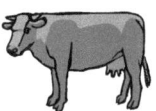

ብዕራይ

lehm

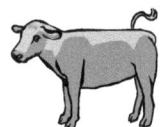

ምራኽ

vasikas

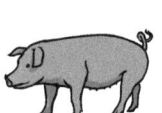

ሓሰማ

siga

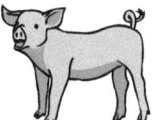

ውላድ ሓሰማ

põrsas

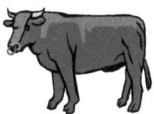

ኣርሓ

pull

ዓዓ
....
hani

ማይ ደርሆ
....
part

ጫቑት
....
tibu

ደርሆ
....
kana

ኣርሓ ደርሆ
....
kukk

ኣንጬዋ ዓባይ
....
rott

ድሙ
....
kass

ኣንጭዋ
....
hiir

ብዕራይ
....
härg

ከልቢ
....
koer

ኣጉዶ ከልቢ
....
koerakuut

ቱባ ጀርዲን
....
aiavoolik

መዝፈፊ ማይ
....
kastekann

ዓቢ ማዕጺድ
....
vikat

ማሕረሻ
....
ader

ማዕጺድ
....
sirp

ጭኽሮ
....
kõblas

መስአ
....
hang

ፋስ
....
kirves

ዓረብያ ኢድ
....
käru

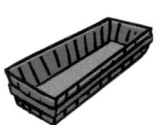

ጋብላ
....
küna

ብርጭቆ ጸባ
....
piimanõu

ክሻ
....
kott

ሓጹር
....
tara

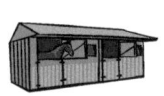

መንሰስ
....
tall

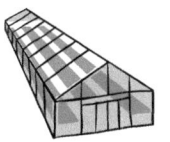

ቐጠልያ ገዛ
....
kasvuhoone

ባይታ
....
muld

ዘርኢ
....
seeme

ድኹዒ
....
väetis

ዘጣምር ቀውዓይ
....
kombain

ቀውዐ

saaki koristama

ጻማ

saagikoristus

ድንሽ ያም

jamss

ስርናይ

nisu

ሶያ

soja

ድንሽ

kartul

ዕፉን

mais

ራፕስ

raps

ገረብ ፍረታት

viljapuu

ማኒኦክ

maniokk

ኣእኻል

teravili

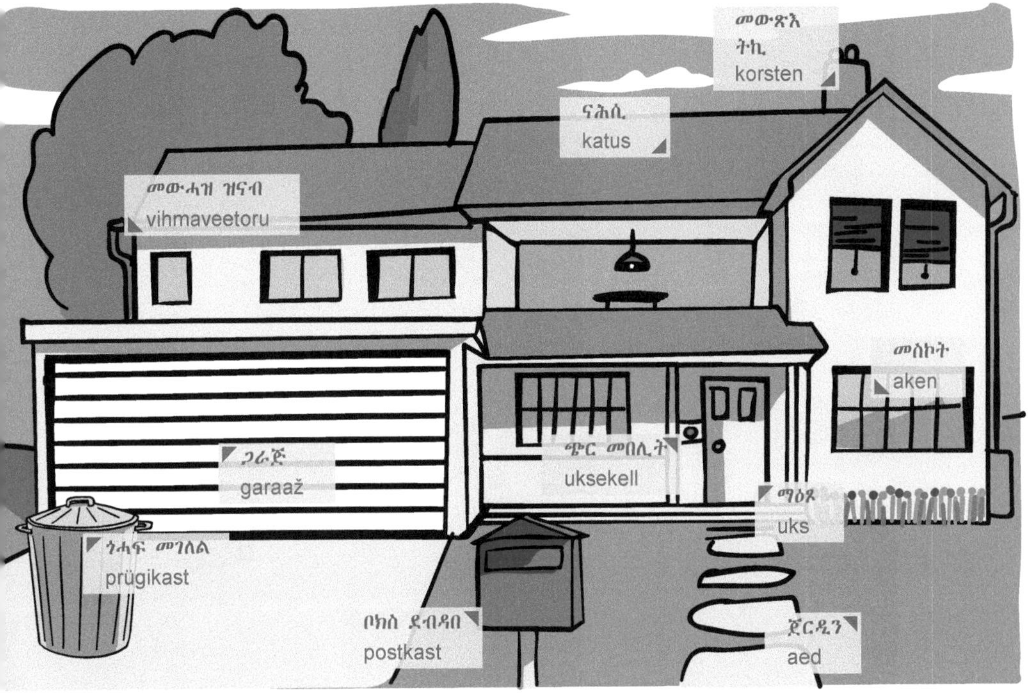

መውጽእ ትቢ
korsten

ናሕሲ
katus

መውሓዝ ዝናብ
vihmaveetoru

መስኮት
aken

ጋራጅ
garaaž

ጽር መበሊ.ት
uksekell

ማዕፆ
uks

ጎሓፍ መገለል
prügikast

ቦክስ ደብዳቤ
postkast

ጀርዲን
aed

ክፍሊ ምቕማጥ

elutuba

ክፍሊ ባንዮ

vannituba

ክሽነ

köök

ክፍሊ መደቀሲ.

magamistuba

ክፍሊ ቆልዑ

lastetuba

መመገቢ ክፍሊ

söögituba

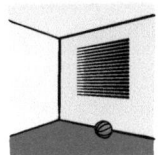

ባይታ

põrand

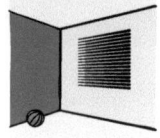

መንደቕ

sein

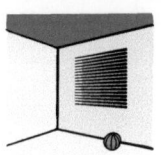

ከቦርታ

lagi

ካንቲና

kelder

ሳውና

saun

ባልኮን

rõdu

ዛላ

terrass

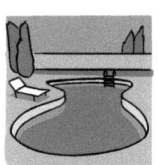

መሕምበሲ

bassein

መቑረጺ ሳዕሪ

muruniiduk

ኣንሶላ ዓራት

voodilina

ከቦርታ ዓራት

päevatekk

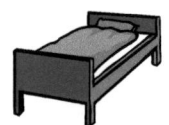

ዓራት

voodi

መኾስተር

luud

መገለል

ämber

መወልዒት

lüliti

ክፍሊ ምቕማጥ

elutuba

ወረቐት መንደቕ
tapeet
ስእሊ
pilt
ላምፓ
lamp
riiul
kapp
ተለቪዥን
televiisor
መውጽኢ ትኪ ኣብ ገዛ
kamin
ዕንባባ
lill
መተርኣስ
padi
ሳሎን
diivan
ባዞ
vaas
ሪሞት
kaugjuhtimispult

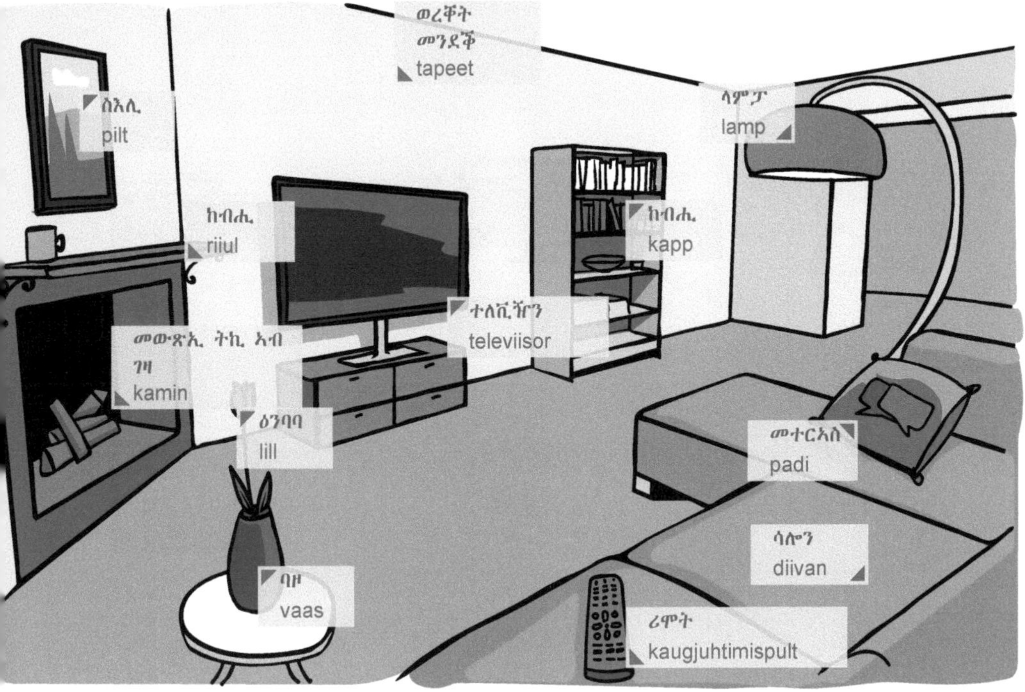

መንጸፍ
vaip

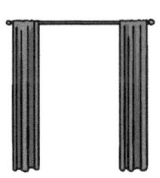

መጋረጃ
kardin

ጣውላ
laud

መንበር
tool

ሰለል ዝብል መንበር
kiiktool

መንበር ምቹእ
tugitool

መጽሓፍ

....

raamat

ከቦርታ

....

tekk

ስልማት

....

kaunistus

እንጨይቲ ሓዊ

....

küttepuud

ፊልም

....

film

ስተረዮ

....

helisüsteem

መፍትሕ

....

võti

ጋዜጣ

....

ajaleht

ቕብኣ

....

maal

ፖስተር

....

plakat

ረድዮ

....

raadio

ጥራዝ

....

märkmik

መልገሲ ደሮና

....

tolmuimeja

በለስ

....

kaktus

ሽምዓ

....

küünal

ክሽነ

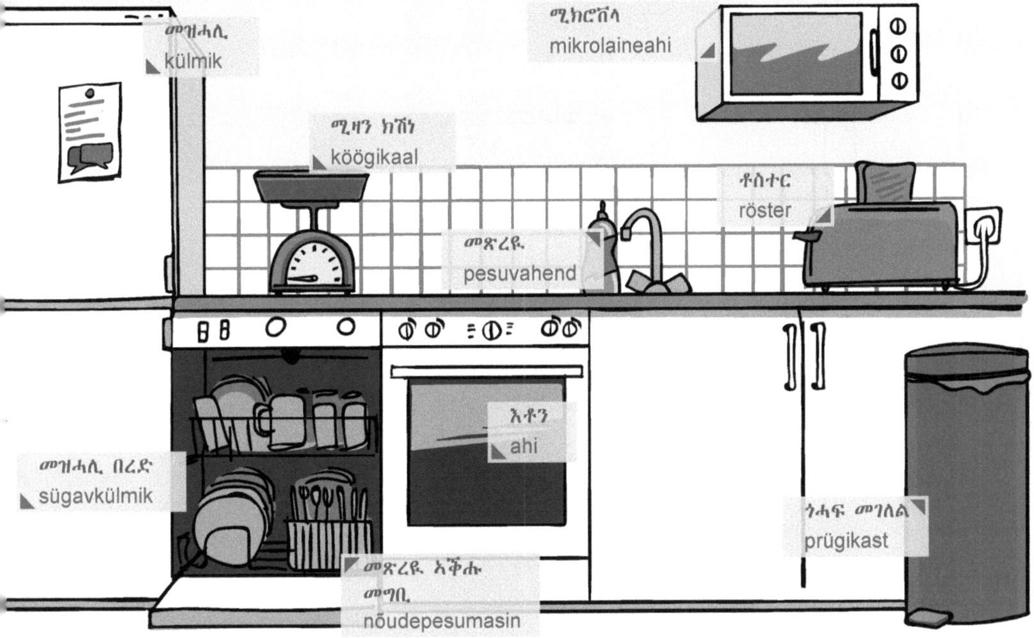

መዝሓሊ
külmik
ሚክሮቨላ
mikrolaineahi
ሚዛን ክሽነ
köögikaal
ቶስተር
röster
መጽረዪ
pesuvahend
እቶን
ahi
መዝሓሊ በረድ
sügavkülmik
ጎሓፍ መገለል
prügikast
መጽረዪ ኣቕሑ መግቢ
nõudepesumasin

መኽሸኒ

pliit

ድስቲ

pott

ድስቲ ሓጺን

malmpott

ቮክ/ካዳይ

vokkpann

ባደላ

pann

መውዓዪ ማይ

veekeetja

መፍልሒ
....
aurutaja

ጓንቴራ ምስንካት
....
küpsetusplaat

ኣቕሑ መግቢ
....
lauanõud

ብርጭቆ
....
kruus

ጭሖሎ
....
kauss

ማንካቺና
....
söögipulgad

ማንካ መረቕ
....
kulp

መገልበጢ ባደላ
....
pannilabidas

መኾስተር ውርጪ
....
vispel

መንፊት መግቢ
....
kurn

መንፊት
....
sõel

መፋሕፍሒ
....
riiv

ሞርታር
....
uhmer

ባርቢክዩ
....
grill

ስፍራ ሓዊ
....
lahtine tuli

እንጨይቲ ምምታር

....

lõikelaud

እንጨይቲ ኰረር

....

tainarull

መኽፈት ቡሽ

....

korgitser

ታኒካ

....

konservipurk

መኽፈቲ ታኒካ

....

konserviavaja

ጨርቂ ድስቲ

....

pajakinnas

ቡምባ

....

kraanikauss

ኣስባስላ

....

hari

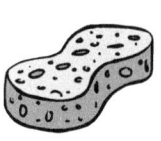

ሰፍነግ

....

pesukäsn

ሓዋሲ ኣደባላቒ

....

kannmikser

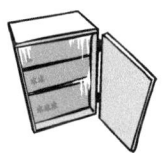

መዝሓሊ በረድ

....

sügavkülmuti

ጥርሙዝ ማማይ

....

lutipudel

ቡምባ ማይ

....

segisti

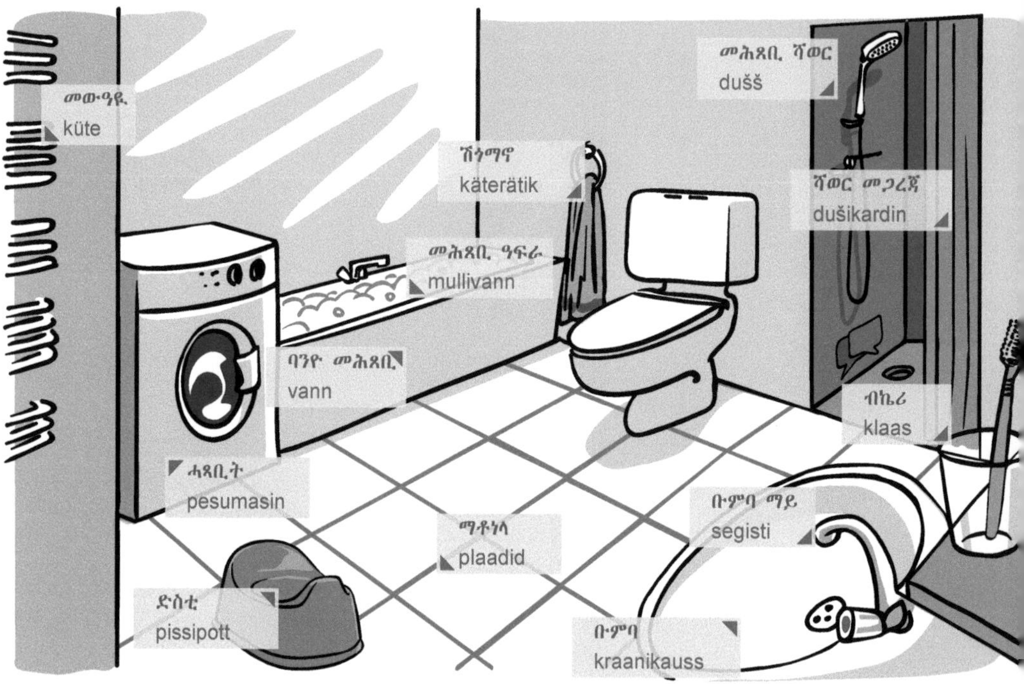

መሕጸቢ ሻወር
dušš

መውዓዪ
küte

ሽጎማኖ
käterätik

ሻወር መጋረጃ
dušikardin

መሕጸቢ ዓፍራ
mullivann

ባንዮ መሕጸቢ
vann

ብኬሪ
klaas

ሓጻቢት
pesumasin

ቡምባ ማይ
segisti

ማቶነላ
plaadid

ድስቲ
pissipott

ቡምባ
kraanikauss

ሽቓቕ
WC-pott

ሽቓቕ ኮፍ
kükitamistualett

በዱ
bidee

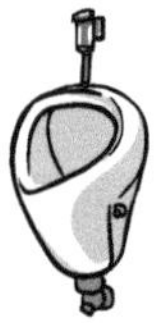

ሽቓቕ ተባዕታይ
pissuaar

ወረቐት ሽቓቕ
tualettpaber

አስባስላ ሽቓቕ
WC-hari

ኣስባስላ ስኒ

hambahari

ክረማ ስኒ

hambapasta

ሃሪ ስኒ

hambaniit

ሓጸበ

pesema

ዱሽ ኢድ

käsidušš

ዱሽ

intiimdušš

ብርጭቆ ምሕጻብ

pesukauss

ኣስባስላ ሕቘ

seljahari

ሳምና

seep

ሻወር ጀል

dušigeel

ሻምፑ

šampoon

ጨርቂ መሕጸቢ

vamm

መውሓዚ

äravool

ክረማ

kreem

ደዮ ጨና

deodorant

መስትያት

....

peegel

ናይ ኢድ መስትያት

....

käsipeegel

መላጸ

....

habemenuga

ዓፍራ ምልጻይ

....

raseerimisvaht

ጨና ድሕሪ ምልጻይ

....

habemevesi

መመሸጥ

....

kamm

ኣስባስላ

....

hari

መንቐጺ ጸግሪ

....

föön

ስፕረይ ጸግሪ

....

juukselakk

መመላኽዒ

....

meigikomplekt

ብርዒ ቀለም ከንፈር

....

huulepulk

ኣዝማልቶ

....

küünelakk

ጸምሪ ጡጥ

....

vatt

መስደዲ ጽፍሪ

....

küünekäärid

ጨና

....

parfüüm

ሳንጣ መሕጸቢ
....
tualett-tarvete kott

ድኳ
....
taburet

ሚዛን
....
kaal

ክዳን መሕጸቢ
....
hommikumantel

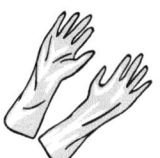

ጓንቲ መጸረዩ
....
kummikindad

ታምፖን
....
tampoon

ጨርቂ ሰበይቲ
....
hügieeniside

ሽቓቕ ከሚስትሪ
....
keemiline tualett

ክፍሊ ቆልዑ
lastetuba

ኣላርም መተስኢ
äratuskell
መጻወቲ እንስሳ
pehme mänguasi
መጻወቲ መኪና
mänguauto
ኳሕኳሕ መበሊ
kõristi
ቤት ባምቡላ
nukumaja
ህያብ
kingitus

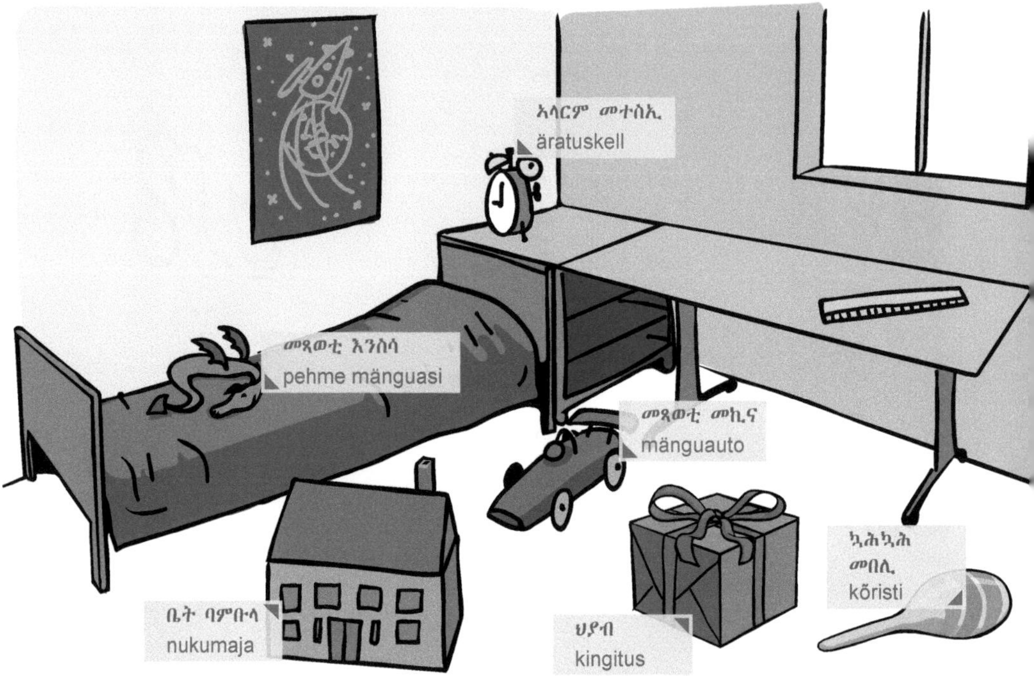

ባላንችና

õhupall

ዓራት

voodi

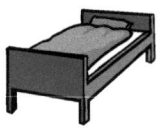

ሰረገላ ህጻን

lapsevanker

ጸወታ ካርታ

kaardipakk

ሕንቅሊተይ

pusle

ኮሜዲ

koomiks

እምንታት መጻወቲ ለጎ
....
Lego klotsid

መጻወቲ እምንታት
....
klotsid

በዓል አክቸን
....
kujuke

ክዳን ማማይ
....
siputuspüksid

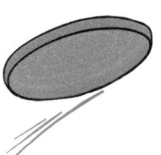

ፍሪስቢ
....
lendav taldrik

ሞባይል ማማይ
....
voodikarussell

ጸወታ ሰሌዳ
....
lauamäng

ኩቦ
....
täringud

ሞደል ባቡር ምድሪ
....
mudelrong

ዓባስ
....
lutt

ፓርቲ
....
pidu

መጽሓፍ ስእሊ
....
pildiraamat

ኩዕሶ
....
pall

ባምቡላ
....
nukk

ተጻወት
....
mängima

መጻወቲ ሑጻ

liivakast

ሰላል

kiik

መጻወቲታት

mänguasjad

ኮንሶል ቪድዮ

mängukonsool

መጻወቲ ሰለስተ መንኮርኮር

kolmerattaline jalgratas

ተዲ

mängukaru

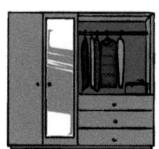

ክብሒ ክዳን

riidekapp

ክዳን

riietus

ካልስታት

sokid

ነዊሕ ካልስታት

sukad

ስረ ካልሲ

sukkpüksid

ሻርባ
sall

ጽላል
vihmavari

ኩልፊ
vöö

ማልያ
T-särk

ረፋዕ
saapad

ጫማ ገዛ
sussid

ስኒከርስ
tossud

ሻበጥ
....
sandaalid

ጫማ
....
jalatsid

ረፋዕ ጎማ
....
kummikud

ሙታንታ
....
aluspüksid

ክዳን ጡብ
....
rinnahoidja

ትሕተ ካሚቻ
....
vest

ክዳን - riietus   45

ቦዲ

bodi

ስረ

püksid

ጂንስ

teksapüksid

ቀምሽ

seelik

ካምቻ

pluus

ካሚቻ

särk

ጉልፎ

sviiter

ኅልፎ

dressipluus

ጃኬት

bleiser

ጃከት

jakk

ጁባ

mantel

ክዳን ዝናብ

vihmamantel

ኮስቱም

kostüüm

ቀምሽ

kleit

ቀምሽ መርዓ

pulmakleit

ልብሲ

ülikond

ካሚቻ ለይቲ

öösärk

ክዳን ለይቲ

pidžaama

ሳሪ

sari

መሃረብ ርእሲ

pearätt

ቱርባን

turban

ቡርካ

burka

ካፍታን

kaftan

ኣባያ

abayah

ክዳን መሕምበሲ

ujumistrikoo

ስረ መሕምበሲ

ujumispüksid

ሓጺር ስረ

lühikesed püksid

ክዳን ታዕሊም

dressid

በጃ ክዳን

põll

ጓንቲ

kindad

መልጎም

nööp

መነጽር

prillid

በንናጅር

käevõru

ማዕተብ

kaelakee

ቀለበት

sõrmus

ኲትሻ

kõrvarõngas

ቆብዕ

nokamüts

መንበሪ ጁባ

riidepuu

ባርኔጣ

kaabu

ካርራቫት

lips

ሻርነጣ

tõmblukk

ሀልመት

kiiver

መድልደል ስረ

traksid

ድቢዣ ቤትትምህርቲ

koolivorm

ድቢዣ

vormirõivad

ሰደርያ ቆልዓ

pudipõll

ዓባስ

lutt

ጨርቂ ማማይ

mähe

ቤት ጽሕፈት
kontor

ሰርቨር
server
ከብሒ ሰነድ
arhiivikapp
ፕሪንተር
printer
ወረቐት
paber
ሞኒቶር
monitor
ጣውላ ምጽሓፍ
kirjutuslaud
hiir
kaust
ኪቦርድ
klaviatuur
መንበር
tool
ጎሓፍ ወረቐት
paberikorv
ኮምፒተር
arvuti

ብርጭቆ ቡን

kohvikruus

ካልኩለተር

kalkulaator

ኢንተርነት

internet

ለፕቶፕ

sülearvuti

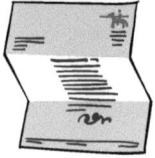

ደብዳበ

kiri

መልእኽቲ

sõnum

ሞባይል

mobiiltelefon

ነትወርክ/መርበብ

võrk

መቅድሒ ፎቶኮፒ

koopiamasin

ሶፍትዌር

tarkvara

ተለፎን

telefon

ሶከት ኳረንቲ

pistikupesa

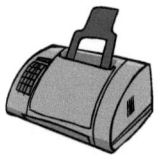

ፋክስ

faksimasin

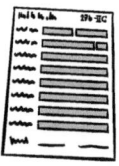

ፎርም

vorm

ሰነድ

dokument

majandus

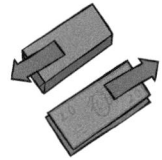

ገዝአ

ostma

ከፈለ

maksma

ንግዲ

vahetama

ገንዘብ

raha

ዶላር

dollar

ኦይሮ

euro

የን

jeen

ሩብል

rubla

ስዊዝ ፍራንክን

Šveitsi frank

ረንሚንቢ ዩዋን

renminbi jüaan

ሩፒየ

ruupia

መውጽኢ ማሺን ገንዘብ

sularahaautomaat

ቦታ ቅያር ገንዘብ

valuutavahetuspunkt

ወርቂ

kuld

ብሩር

hõbe

ዘይቲ

nafta

ሓይሊ

energia

ዋጋ

hind

ውዕል

leping

ቀረጽ

maks

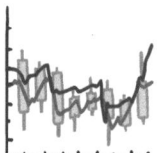

እኩብ ጥረ-ነገራት

aktsia

ሰርሐ

töötama

ሰራሕተኛ

töötaja

ኣስራሒ

tööandja

ትካል

tehas

ዱኳን

kauplus

ሞያታት
ametid

በዓል ፖሊስ
politseinik
መጠፊኢ ሓዊ
tuletõrjuja
ከሻኒ
kokk
ሓኪም
arst
መራሒ ነፋሪት
piloot

ሰራሕተኛ ጀርዲን

aednik

ጸራቢ ዕንጸይቲ

puusepp

ሰፋይት

õmbleja

ፈራዳይ

kohtunik

ቀማሚ

keemik

ተዋሳኢ

näitleja

መራሒ ኣዉቶቡስ

....

bussijuht

ኣውቲስታ ታክሲ

....

taksojuht

ገፋፊ ዓሳ

....

kalamees

ጸራጊት

....

koristaja

ሃናጻይ ናሕሲ

....

katusepaigaldaja

ኣሰላፊ

....

kelner

ሃዳናይ

....

jahimees

ሰኣላይ

....

maaler

እንዳ ሕብስቲ

....

pagar

ኤለትሪከኛ

....

elektrik

ሃናጺ ኣባይቲ

....

ehitaja

ሃንዳሲ

....

insener

ሰራሕተኛ እንዳ ስጋ

....

lihunik

ድራብሊኮ

....

torumees

ኣማላላሲ ፖስጣ

....

postiljon

ወተሃደር

sõdur

መሃንድስ

arhitekt

ተሓዝ ገንዘብ

kassapidaja

ሰራሕተኛ ዕምባባ

lillemüüja

ቀምቃማይ

juuksur

ፊተሪኖ

piletikontrolör

መካኒክ

mehaanik

መራሒ መርከብ

kapten

ሓኪም ስኒ

hambaarst

ተመራማሪ

teadlane

ራቢ

rabi

ኢማም

imaam

ፈላሲ

munk

ቀሺ

preester

ናውቲ

tööriistad

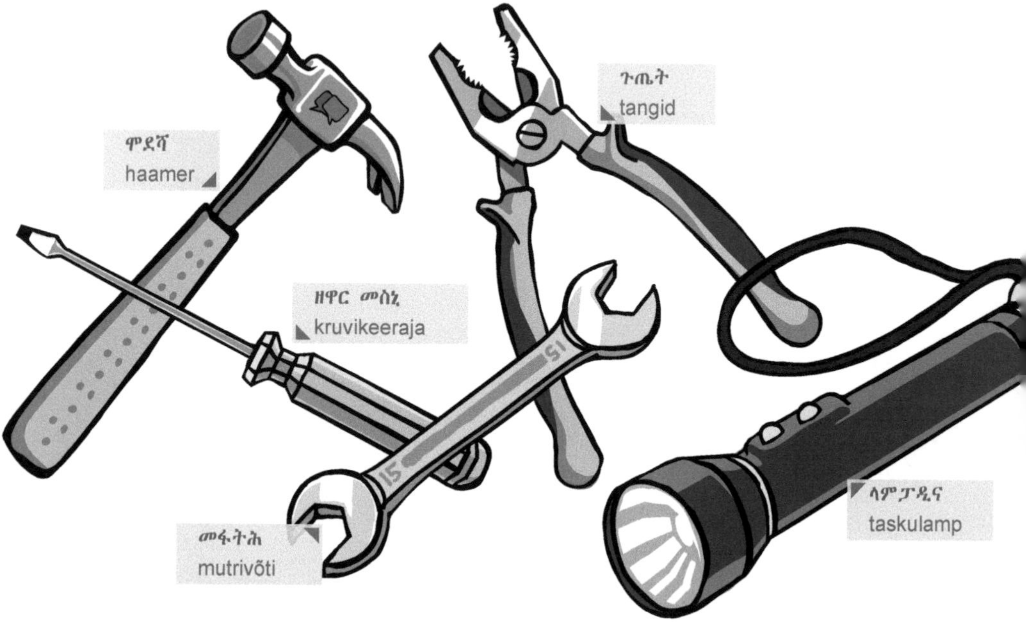

ሞደሻ
haamer
ጉጤት
tangid
ዘዋር መስኒ
kruvikeeraja
mutrivõti
ላምፓዲና
taskulamp

ፈሓሪ

ekskavaator

ናውቲ ቦክስ

tööriistakast

መደያይቦ

redel

መጋዝ

saag

መስማር

naelad

ኵዓቲ

trell

ምዕራይ
....
parandama

ባደላ
....
labidas

ኣይ!
....
Põrgusse!

መትሓዚ ዶሮና
....
kühvel

ድስቲ ቀለም
....
värvipott

ካቻቢተ
....
kruvid

መሳርሒ ሙዚቃ

pillid

ከቦሮታት
trummikomplekt

እስፒከር
kõlar

ረጒድ ዓባይ ጊታር
kontrabass

ትሮምፐት
trompet

ጊታር
kitarr

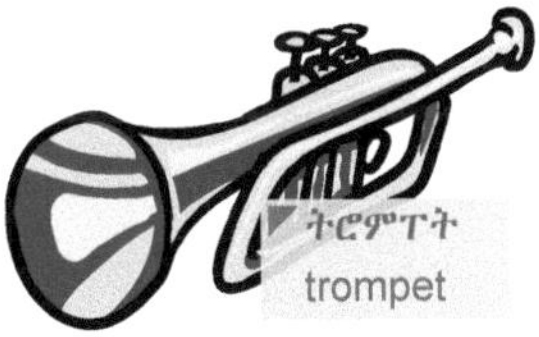

ፒያኖ

klaver

ቪዮሊን

viiul

ባስ ጊታር

bass

ቲምንኢ

timpan

ከቦሮ

trummid

ኦርጋን

süntesaator

ሳክሶፎን

saksofon

ሻምብቆ

flööt

ሚክሮፎን

mikrofon

መካነ እንስሳታት

loomaaed

tiiger
puur
ኣድጊ በረኻ
sebra
መግቢ እንስሳ
loomasööt
ፓንዳ
panda
መእተዊ
sissepääs

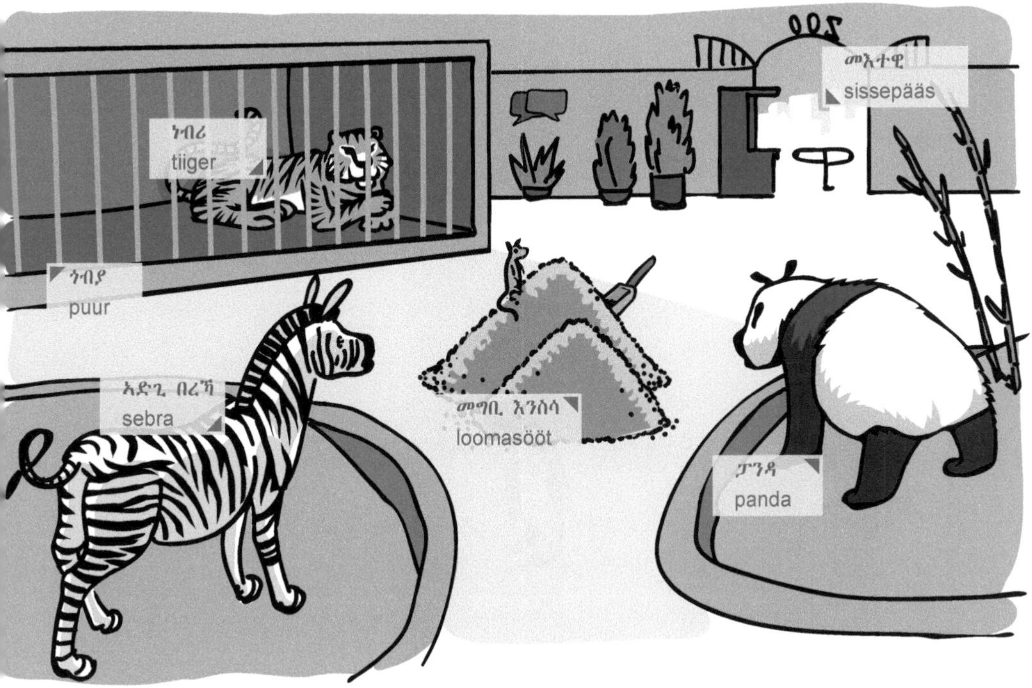

እንስሳታት

loomad

ሓርማዝ

elevant

ካንጋሩ

känguru

ሓሪሽ

ninasarvik

ጉሪላ

gorilla

ድቢ

karu

ገመል

kaamel

ሰገን

jaanalind

ኣንበሳ

lõvi

ህበይ

ahv

ፍላሚንጎ

flamingo

ሕንጻይ

papagoi

ድቢ በረድ

jääkaru

ፐንጉን

pingviin

ከልቢ ዓሳ

hai

ጣውስ

paabulind

ተመን

madu

ሓርገጽ

krokodill

ሓላዊ ቤት ገርድሽ

loomaaiatalitaja

ዓሳ ዚምገብ እንስሳ ባሕሪ

hüljes

ጃጓር

jaaguar

ሓጺር ፈረስ

....

poni

ነብሪ

....

leopard

ጉማረ

....

jõehobu

ጂራፍ

....

kaelkirjak

ሊላ

....

kotkas

መፍለስ

....

metssiga

ዓሳ

....

kala

ጎብየ

....

kilpkonn

ዋልሩስ

....

morsk

ወኻርያ

....

rebane

ሰስሓ

....

gasell

ስፖርት

sport

ናይ አሜሪካ ኩዕሶ እግሪ
Ameerika jalgpall
ምዝዋር ብሽግለታ
jalgrattasõit
ተኒስ
tennis
ባስከትባል
korvpall
ምሕምባስ
ujumine
ቦክሲንግ
poksimine
ሆኪ በረድ
jäähoki

ኩዕሶ እግሪ

....

jalgpall

ባድሚንቶን

....

sulgpall

እስፖርታዊ ንጥፈታት

....

kergejõustik

ኩዕሶ ኢድ

....

käsipall

ስኪ

....

suusatamine

ፖሎ

....

polo

ንጥፈታት

tegevused

ነጠረ
hüppama
ሓቖፈ
kallistama
naerma
jalutama
ደረፈ
laulma
ሓለመ
unistama
ጸለየ
palvetama
ሰዓመ
suudlema

ጸሓፈ

....

kirjutama

ሰኣለ

....

joonistama

ኣርኣየ

....

näitama

ደፍአ

....

lükkama

ሃበ

....

andma

ወሰደ

....

võtma

ኣለወ

omama

ገበረ

tegema

ኮነ

olema

ጠጠው በለ

seisma

ጎየየ

jooksma

ሰሓበ

tõmbama

ሰንደወ

viskama

ወደቐ

kukkuma

ሓሰወ

lamama

ተጸበየ

ootama

ሰከም

kandma

ኮፍ በለ

istuma

ተኸድነ

riidesse panema

ደቀሰ

magama

ተስአ

ärkama

ረኣየ

....

vaatama

በኸየ

....

nutma

ብኣጻብዑ ደረዘ

....

paitama

መሸጠ

....

kammima

ተዛረበ

....

rääkima

ተረድአ

....

aru saama

ሓተተ

....

küsima

ሰምዐ

....

kuulama

ሰተየ

....

jooma

በልዐ

....

sööma

ኣቐመጠ

....

korrastama

ኣፍቀረ

....

armastama

ከሸነ

....

süüa tegema

ዘወረ

....

sõitma

ነፈረ

....

lendama

ብመርከብ ገየሸ
....
purjetama

ደመረ
....
arvutama

ኣንበበ
....
lugema

ተመሃረ
....
õppima

ሰርሐ
....
töötama

መርዓወ
....
abielluma

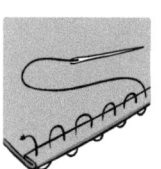

ሰፈየ
....
õmblema

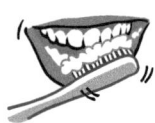

ጽሬት ኣስናን
....
hambaid pesema

ቀተለ
....
tapma

ሽጋራ ተከኸ
....
suitsetama

ሰደደ
....
saatma

ዓባየ
vanaema
አቦሓጎ
vanaisa
አቦ
isa
ema
ማማይ
imik
ጓል
tütar
ወዲ
poeg

ጋሻ
....
külaline

ሓትኖ
....
tädi

ኣኮ
....
onu

ሓው
....
vend

ሓፍቲ
....
õde

ኣካላት

keha

ግንባር
otsmik
ዓይኒ
silm
መንኩብ
õlg
ኣጻብዕ
sõrm
ገጽ
nägu
መንከስ
lõug
ኢድ
käsi
ኣፍ-ልቢ
rind
ሸፋን እግሪ
jalg
ምናት
käsivars

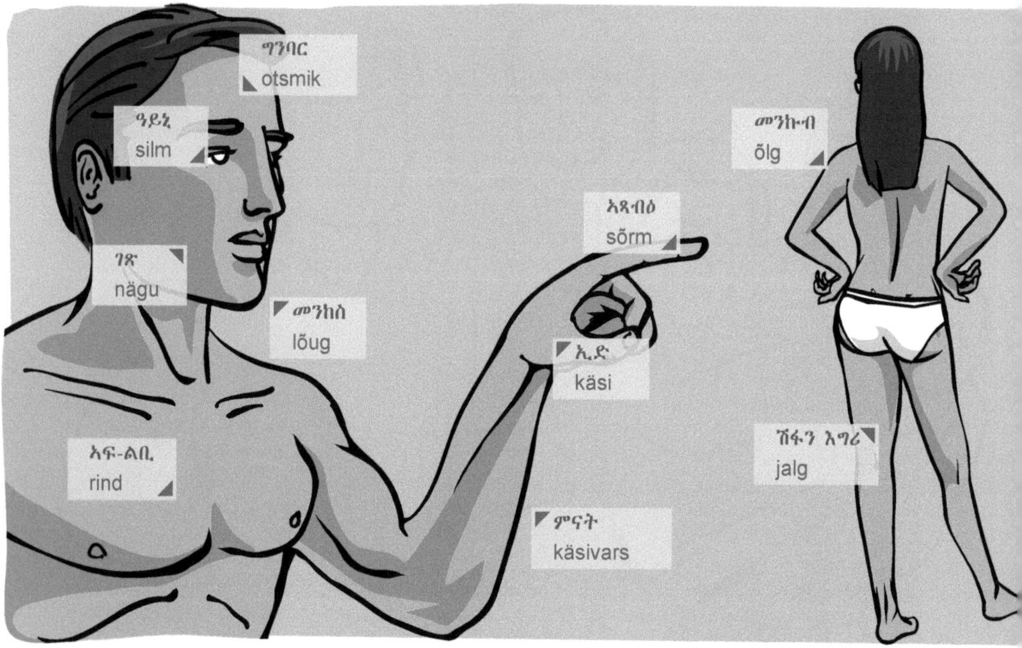

ማማይ

imik

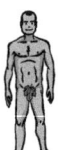

ሰብኣይ

mees

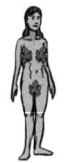

ሰበይቲ

naine

ጓል

tüdruk

ወዲ

poiss

ርእሲ

pea

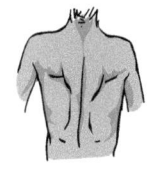

ሕቖ

selg

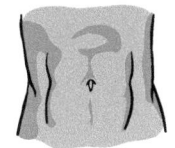

ከስዐ

kõht

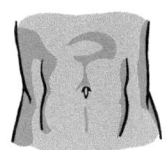

ሕምብርቲ

naba

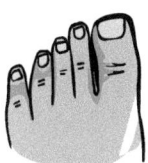

ኣጻብዕ እግሪ

varvas

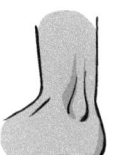

ኩርኾረ

kand

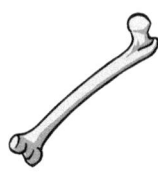

ዓጽሚ

luu

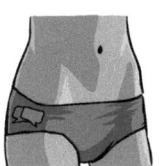

ምሕኵልቲ

puus

ብርኪ

põlv

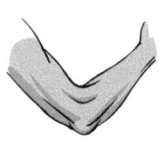

ፎግፎግ

küünarnukk

ኣፍንጫ

nina

መዓኮር

tagumik

ቆርበት

nahk

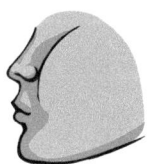

ምዕጉርቲ

põsk

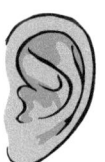

እዝኒ

kõrv

ከንፈር

huuled

አፍ

suu

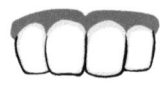

ስኒ

hammas

መልሓስ

keel

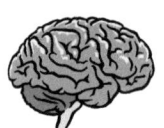

ሓንጎል

aju

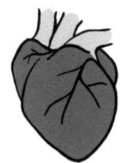

ልቢ

süda

ጭዋዳ

lihas

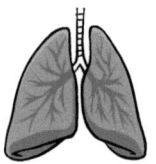

ሳንቡእ

kops

ጸላም ከብዲ

maks

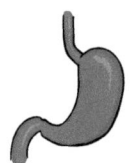

ከብዲ

magu

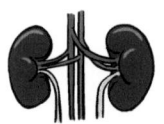

ኵሊት

neerud

ግብረ ስጋ

seksuaalvahekord

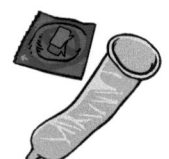

ኮንዶም

kondoom

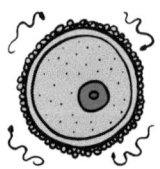

እንቋቑሖ

munarakk

ዘርኢ ተባዕታይ

sperma

ጥንሲ

rasedus

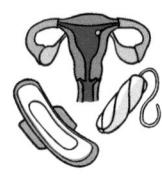

ጽግያት

menstruatsioon

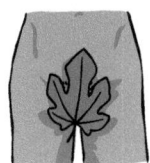

ርሕሚ

vagiina

መትሎ

peenis

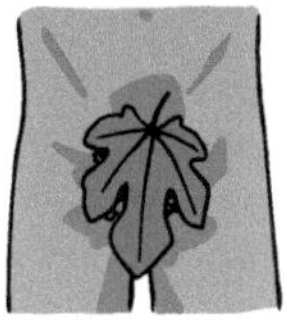

ሸፋሽፍቲ

kulm

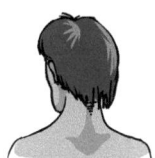

ጸጉሪ

juuksed

ክሳድ

kael

ሆስፒታል
haigla

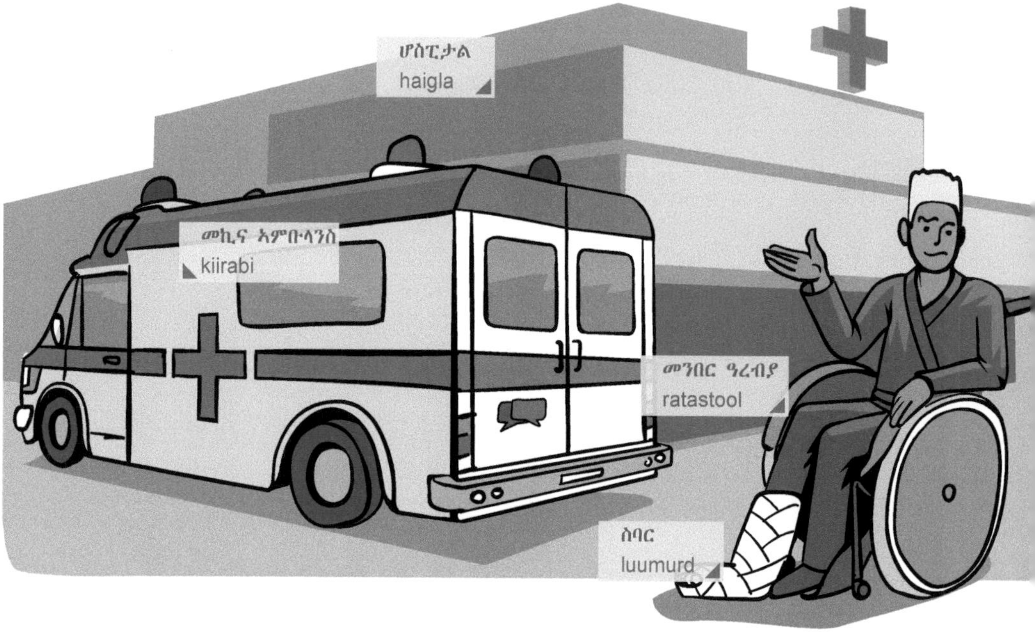

መኪና ኣምቡላንስ
kiirabi
መንበር ዓረብያ
ratastool
ስባር
luumurd

ሓኪም

arst

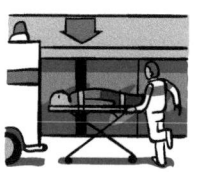

ክፍሊ ህጹጽ ረድኤት

traumapunkt

ኣላይት

meditsiiniõde

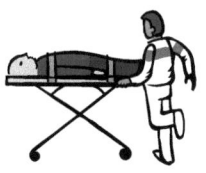

ህጹጽ ኩነት

hädaolukord

ውነኡ ዘጥፍአ

teadvuseta

ቃንዛ

valu

ጉድኣት

vigastus

ደም

verejooks

ማህረምቲ

südamerabandus

ማህረምቲ

insult

ኣለርጂ

allergia

ሰዓል

köha

ረስኒ

palavik

ኢንፍልወንዛ

gripp

ውጽኣት

kõhulahtisus

ቃንዛ ርእሲ

peavalu

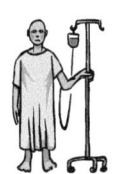

መንሽሮ

vähk

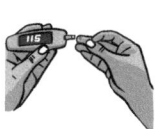

ሹኮርያ

diabeet

ሓኪም መጥባሕቲ

kirurg

መጥበሒ

skalpell

መጥባሕቲ

operatsioon

CT

KT

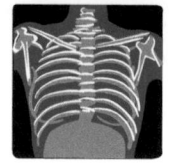

ራጂ

röntgen

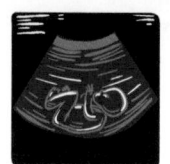

ልዕለ ድምጻዊ

ultraheli

መሸፈኒ ገጽ

mask

ሕማም

haigus

ክፍሊ ምጽባይ

ooteruum

ምርኩስ

kark

መጀነኒ ቁስሊ

kips

መጀነኒ

side

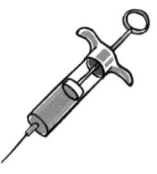

መርፍዕ ምውጋእ

süst

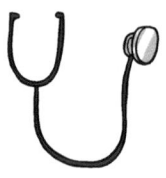

ስተቶስኮፕ

stetoskoop

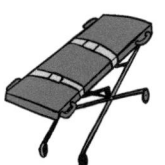

መሰከሚ ሕማም

kanderaam

ቴርሞመተር

kraadiklaas

ትውልዲ

sünd

ልዕለ-ሚዛን

ülekaaluline

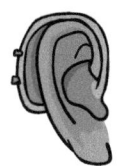

ሓገዝ ምስማዕ

....

kuuldeaparaat

ኣንጻሂ

....

desinfektsioonivahend

ልበዳ

....

põletik

ቫይረስ

....

viirus

ኤድስ

....

HIV / AIDS

ሕክምና

....

meditsiin

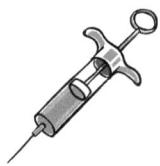

ክታበ

....

vaktsineerimine

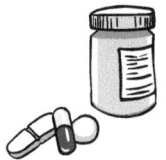

ከኒና

....

tabletid

ከኒና

....

pill

ህጹጽ ምድዋል

....

hädaabikõne

መዕቀኒ ጸቕጢ ደም

....

vererõhuaparaat

ሕሙም / ጥዑይ

....

haige / terve

ህጹጽ ኩነት

hädaolukord

ሓገዝ

....

Appi!

ኣላርም

....

häire

ምህጃም

....

kallaletung

መጥቃዕቲ

....

rünnak

ድንገት

....

oht

ህጹጽ መውጽኢ

....

avariiväljapääs

ሓዊ!

....

Tulekahju!

መጥፍኢ ሓዊ

....

tulekustuti

ሓደጋ

....

õnnetus

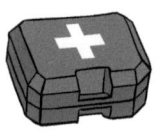

ሳንጣ ቀዳማይ ረድኤት

....

esmaabikomplekt

SOS

....

SOS

ፖሊስ

....

politsei

ኤውሮጳ
....
Euroopa

ሰሜን ኣመሪካ
....
Põhja-Ameerika

ደቡብ ኣመሪካ
....
Lõuna-Ameerika

ኣፍሪቃ
....
Aafrika

ኤስያ
....
Aasia

ኣውስትራልያ
....
Austraalia

ኣትላንቲክ
....
Atlandi ookean

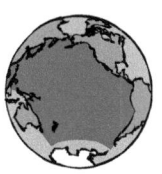

ፓሲፊክ
....
Vaikne ookean

ህንዳዊ ዉቕያኖስ
....
India ookean

ኣንታርቲካዊ ዉቕያኖስ
....
Lõuna-Jäämeri

ኣርክቲካዊ ዉቕያኖስ
....
Põhja-Jäämeri

ሰሜናዊ ዋልታ
....
põhjapoolus

ደቡባዊ ዋልታ

lõunapoolus

ኣንታርቲካ

Antarktika

ምድሪ

Maa

መሬት

maismaa

ባሕሪ

meri

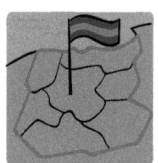

ደሴት

saar

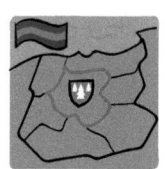

ሃገር

rahvus

ዓዲ

riik

ገጽ ሰዓት

sihverplaat

ኣመልካቲ ሰዓታት

tunniosuti

ኣመልካቲ ደቓይቕ

minutiosuti

ኣመልካቲ ካልኢት

sekundiosuti

ሰዓት ክንደይ ኣሎ?

Mis kell on?

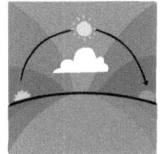

መዓልቲ

päev

ግዜ

aeg

ሕጂ

praegu

ዲጂታል ሰዓት

digitaalne kell

ደቒቕ

minut

ሰዓት

tund

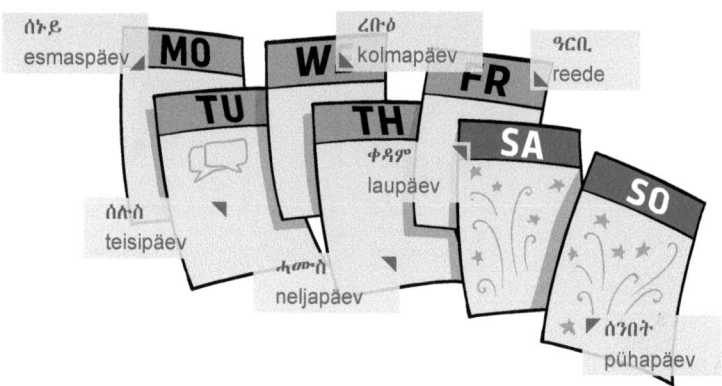

ሰኑይ esmaspäev — MO

TU — ሰሉስ teisipäev

W — ረቡዕ kolmapäev

TH — ሓሙስ neljapäev

ዓርቢ reede

ቀዳም laupäev — SA

SO — ሰንበት pühapäev

ትማሊ
....
eile

ሎሚ
....
täna

ጽባሕ
....
homme

ንጎሆ
....
hommik

ቀትሪ
....
lõuna

ምሸት
....
õhtu

MO	TU	WE	TH	FR	SA	SU
1	2	3	4	5	6	7
8	9	10	11	12	13	14
15	16	17	18	19	20	21
22	23	24	25	26	27	28
29	30	31	1	2	3	4

መዓልታት ስራሕ
....
tööpäevad

MO	TU	WE	TH	FR	SA	SU
1	2	3	4	5	6	7
8	9	10	11	12	13	14
15	16	17	18	19	20	21
22	23	24	25	26	27	28
29	30	31	1	2	3	4

መወዳእታ ሰሙን
....
nädalavahetus

ዝናብ
vihm
ቀስተ-ደመና
vikerkaar
ንፋስ
tuul
በረድ
lumi
ጽድያ
kevad
ቀውዒ
sügis
ሓጋይ
suvi
ክረምቲ
talv

4.APRIL 11°
5.APRIL 4°
6.APRIL 13°
7.APRIL 8°
8.APRIL 10°

ትንቢት ኩነታት ኣየር

....

ilmaennustus

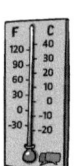

ቴርሞመተር

....

termomeeter

ብርሃን ጸሓይ

....

päikesepaiste

ደበና

....

pilv

ግመ

....

udu

ጠሊ

....

niiskus

ብርቂ

pikne

ነጎዳ

kõu

ህቦብላ

torm

በረድ

rahe

ብርቱዕ ህቦብላ

mussoon

ውሕጅ

üleujutus

በረድ

jää

ጥሪ

jaanuar

ለካቲት

veebruar

መጋቢት

märts

ሚያዝያ

aprill

ጉንበት

mai

ሰነ

juuni

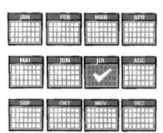

ሓምለ

juuli

ነሓሰ

august

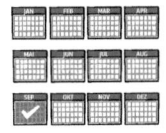

መስከረም

september

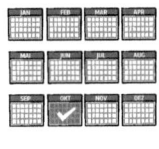

ጥቅምቲ

oktoober

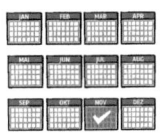

ሕዳር

november

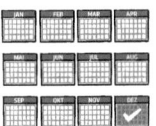

ታሕሳስ

detsember

ቅርጽታት
kujundid

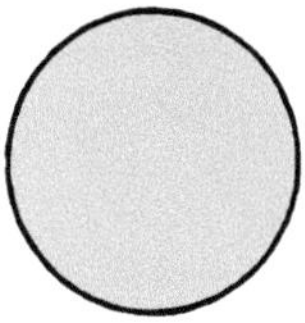

ዙርያ

ring

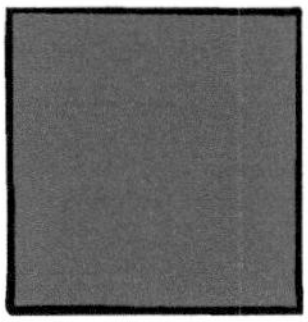

ትርብዒት

ruut

ቅኑዕ ርቡዕ ኵርናዕ

nelinurk

ስሉስ ኩርናዕ

kolmnurk

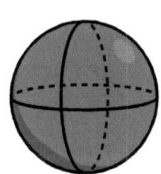

ክቢ

kera

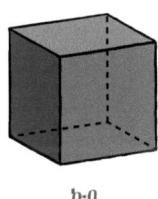

ኩቦ

kuup

ሕብርታት

värvid

ጻዕዳ

valge

ብጫ

kollane

ኣራንሺ

oranž

ፒንክ

roosa

ቀይሕ

punane

ጁኽ

lilla

ሰማያዊ

sinine

ቀጠልያ

roheline

ቡናዊ

pruun

ሓሙኽሽታይ

hall

ጸሊም

must

ብዙሕ / ውሑድ

palju / vähe

ሕሩቕ / ሰላማዊ

vihane / rahulik

ጽቡቕ / ክፉእ

ilus / inetu

መጀመርያ / መወዳእታ

algus / lõpp

ዓቢ / ንእሽቶ

suur / väike

ብሩህ / ጸልማት

hele / tume

ሓው / ሓፍት

vend / õde

ጽሩይ / ርሳሕ

puhas / must

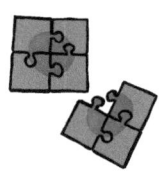

ምሉእ / ዘይምሉእ

täielik / puudulik

መዓልቲ / ለይቲ

päev / öö

ሙዉት / ህልው

surnud / elus

ሰፊሕ / ጸቢብ

lai / kitsas

ደስ ዘበል / ደስ ዘይብል

söödav / mittesöödav

እኩይ / ህያዋይ

kuri / sõbralik

ርቡጽ / ስልኩይ

põnevil / tüdinud

ረጊድ / ቀጢን

paks / peenike

ቀዳማይ / ናይ መወዳእታ

esimene / viimane

ዓርኪ / ጸላኢ

sõber / vaenlane

ምሉእ / ባዶ

täis / tühi

ተሪር / ልስሉስ

kõva / pehme

ከቢድ / ፈኲስ

raske / kerge

ጥምየት / ጽምየት

nälg / janu

ሕሙም / ጥዑይ

haige / terve

ዘይሕጋዊ / ሕጋዊ

ebaseaduslik / seaduslik

መስተውዓሊ / ስዱ

tark / rumal

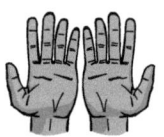

ጸጋም / የማን

vasak / parem

ቐረባ / ርሑቕ

lähedal / kaugel

ሓዲሽ / ብሉይ

....

uus / kasutatud

ዋላ ሓደ / ገለ

....

mitte midagi / midagi

ዓቢ/ኣረጊት / መንእሰይ

....

vana / noor

ወልዕ / ኣጥፍእ

....

sees / väljas

ክፉት / ዕጹው

....

lahti / kinni

ህዱእ / ዓው

....

vaikne / vali

ሃብታም / ድኻ

....

rikas / vaene

ቅኑዕ / ግጉይ

....

õige / vale

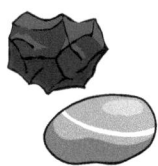

ሓርፋፍ / ልሙጽ

....

kare / sile

ጉሁይ / ሕጉስ

....

kurb / rõõmus

ሓጺር / ነዊሕ

....

lühike / pikk

ቀስ / ቅልጡፍ

....

aeglane / kiire

ጥሉል / ንቑጽ

....

märg / kuiv

ምዉቕ / ዝሑል

....

soe / jahe

ውግእ / ሰላም

....

sõda / rahu

ቁጽርታት
numbrid

0	1	2
ዜሮ	ሓደ	ክልተ
null	üks	kaks
3	4	5
ሰለስተ	ኣርባዕተ	ሓሙሽተ
kolm	neli	viis
6	7	8
ሽዱሽተ	ሸውዓተ	ሸሞንተ
kuus	seitse	kaheksa
9	10	11
ትሽዓተ	ዓሰርተ	ዓሰርተ ሓደ
üheksa	kümme	üksteist

12

ዓሰርተ ክልተ
....
kaksteist

13

ዓሰርተ ሰለስተ
....
kolmteist

14

ዓሰርተ ኣርባዕተ
....
neliteist

15

ዓሰርተ ሓሙሽተ
....
viisteist

16

ዓሰርተ ሽዱሽተ
....
kuusteist

17

ዓሰርተ ሸውዓተ
....
seitseteist

18

ዓሰርተ ሸሞንተ
....
kaheksateist

19

ዓሰርተ ትሽዓተ
....
üheksateist

20

ዕስራ
....
kakskümmend

100

ሚእቲ
....
sada

1.000

ሽሕ
....
tuhat

1.000.000

ሚልዮን
....
miljon

ቋንቋታት

keeled

እንግሊዝኛ

inglise

አመሪካዊ እንግሊዛዊ

Ameerika inglise

ቻይናዊ ማንዳሪን

mandariini

ሂንዳዊ

hindi

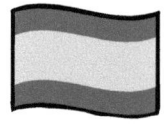

እስጳኛዊ

hispaania

ፈረንሳዊ

prantsuse

ዓረባዊ

araabia

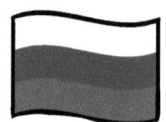

ሩሲያዊ

vene

ፖርቱጋላዊ

portugali

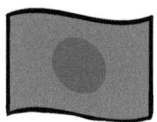

በንጋሊ

bengali

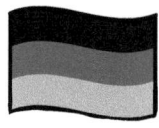

ጀርመናዊ

saksa

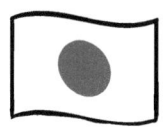

ጃፓናዊ

jaapani

መን / እንታይ / ከመይ
kes / mis / kuidas

ኣነ

mina

ንስኻ/ኺ

sina

ንሱ / ንሳ / ንሱ

tema

ንሕና

meie

ንስኻ

teie

ንሳቶም

nemad

መን?

kes?

እንታይ?

mis?

ከመይ?

kuidas?

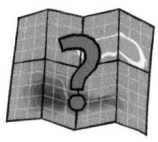

ኣበይ?

kus?

መዓስ?

millal?

HELLO, I AM

ሽም

nimi

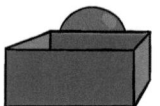

ኣበይ
kus

ድሕሪ

taga

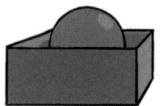

ኣብ

sees

ኣብ ቅድሚ

ees

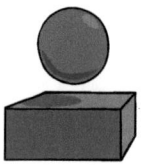

ኣብ ላዕሊ

kohal

ኣብ ልዕሊ

peal

ትሕቲ ምድሪ

all

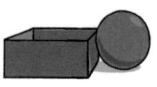

ኣብ ጥቓ

kõrval

ኣብ መንጎ

vahel

ቦታ

koht